U0905601

一千零一行

卓兮 著

一千零一行
属于下一个归人

花香沿路
缝合了我们的伤口

如果今夜月色不美
我会抱紧自己

山西出版传媒集团 北岳文艺出版社
BEIYUE LITERATURE & ART PUBLISHING HOUSE
·太原·

图书在版编目（CIP）数据

一千零一行 / 卓兮著. —太原 : 北岳文艺出版社，2022. 12
ISBN 978-7-5378-6645-3

Ⅰ. ①一… Ⅱ. ①卓… Ⅲ. ①诗集-中国-当代
Ⅳ. ①I227

中国版本图书馆 CIP 数据核字（2022）第 241375 号

一千零一行

卓兮 / 著

出品人
郭文礼

责任编辑
刘文飞

装帧设计
书香力扬

印装监制
郭　勇

出版发行：山西出版传媒集团·北岳文艺出版社
地址：山西省太原市并州南路 57 号　邮编：030012
电话：0351-5628696（发行部）　0351-5628688（总编室）
传真：0351-5628680
经销商：新华书店
印刷装订：成都兴怡包装装潢有限公司

开本：880mm×1230mm　1/32
字数：100 千字
印张：5. 75
版次：2022 年 12 月第 1 版
印次：2022 年 12 月四川第 1 次印刷
书号：ISBN 978-7-5378-6645-3
定价：45. 00 元

致曾经的你——

一千零一行

属于下一个归人

语言损耗的灵性

足以毁灭一只狐狸的肉身

如果今夜月色不美

我会抱紧自己

麦子抽穗，野花匍匐

一截骨头突然温柔

岁月时常出土一个人的文物

云朵是一艘行驶的沉船

月亮在水面燃起孤独的火焰

卷一 | 时间的门缝

卷二 | 如果今夜月色不美

卷三 | 等一个人经过

卷四 | 风掂量过蝴蝶的重量

卷五 | 游走城市

卷一

时间的门缝

弹指

阳光重温冬季某日
枕着松树的影子翻书
一只虫子失足
坠成书中移动的标点

她轻轻一弹
就弹走了这渺小骨架的一生

多年后
猛然忆及那弹指的一瞬
惊觉自己也被某根手指弹远

伤口

有一种不妥协
像怀抱野蔷薇走在风中
我和风互相划破
我会流血
风会喊疼
意想不到的是
花香沿路
缝合了我的伤口

我不担心我的羊群

熄灯后，我还在读哪一行文字
眼睛固执，闭上
依然在找寻
我的羊群走失在深夜
它们无法拒绝三月的草芽
那片遥远的浅绿

但我不担心我的羊群
我担心草叶上
还未落下的齿痕

谁的心里不曾养过一匹野马

缰绳在谁的手上
风捂着草原疾驰
草色从浅跑到深
也无可奈何

时间不多了
时间多的是

远方还是太远
那些窗口很近
马蹄声过
踏碎多少紧闭的心扉

无所谓归人　过客

不过是走了　来了　又走了

手上紧握的　只有一截

空荡荡的缰绳

倒退

熄掉屏幕

熄掉生活的虚拟

从闪烁的信息中逃离

告别抱团取暖的假象

有人醒来，剥离手指链接的网线

跳出这个世界的局域网

拒绝向前，执意倒退

退到一沓信笺的笔迹

退到失去联系方式的姓名

退到未曾打开的旧书

退到怀抱明月的逝水

退到绝境，倒入尘土掩埋的

永恒沉默

元旦笔记

一定有什么被省略了
第一天和最后一天
紧紧靠在一起

临睡前
我们背靠着背
省略晚安
不再从枕边摸索春天

醒来时
冬天还没有被省略掉
阳光替我们又完成了一次更新

生活琐碎到不必标注年份
但还是要换一本新日历

保持缄默

我的一小块阴影来自缄默

阴影面积变大

我变小

像胎记烙在皮肤

不用说了

人间已无聊斋

语言损耗的灵性

足以毁灭一只狐狸的肉身

除了皮毛

那只狐狸只能活在

冥想中

旧物

怀念手做桌子　椅子　床
木纹里　时间酿了　沉沉的香
怀念停止的　褪色的手表
书信里的问候　落款　日期
岁月时常出土一个人的文物
那朵开花的旗袍　也怀念我
怀念曾经的腰肢
一段窈窕的花事

她

身体铺满月光
影子漏洞百出

看一株晚香玉的时间
比看一个人更久

用指甲掐掉颓败的白花
直到月光也被掐成灰烬

她隐于黑暗，抱紧自己
摸到满身月牙

时间退潮

钟从墙上销声匿迹

表在手腕画蛇添足

时间退潮

我的沙滩一贫如洗

来不及问候就已错过

等不到再见就是一生

目光旋如指针

始终重复相同的轨迹

还有什么值得期待

不如坐化成钟

心跳一次，滴答一声

仿佛黑暗与虚无

一直漏雨

寂静中的事物

松风敲门，等待一声吱呀
雨要来，在下一秒
心跳默数秒针的轨迹

睁眼，夜色填满视线
闭眼，视线填满夜色

当雨滴灌进耳朵
心底有两根针落下
一根刺痛我
一根治愈我

飞鸟与鱼

不再向往一只鸟
如果远方是海，天空会成为牢笼

不再保留一条鱼对天空的幻想
云朵和月光只是倒影
像水中的泡泡
你不断吐出，它不断破碎

一只鱼是否向往一只鸟
没有人会问，他们各行其道
以梦御梦，不再试图击溃

冬日午后

木桌上蓝染的棉布正在开花
两相对望的茶盏泡软了一个冬日
许多词语纷纷，落成白雪
洁净的美一朵朵融化，以至于
我们很快就忘记说过了什么

红茶越来越淡
夕色越来越浓
它们悄无声息就完成了一次转换
但我们还要等一等
等一只橘色的猫经过
然后消失在它轻描淡写的一瞥

我要和自己能触及的事物厮守

无须辨认身处何方

有风扑面，分不清的方向都是逆向

有光落下，影子独我

无须抬头，确定身边空无一物

如果我就是一切的方向

如果我的影子足以容纳我的虚空

请那一颗星星，那一盏灯，那一双眼睛

你们一起熄掉这个夜晚吧

我的枕头柔软，我的木床稳固

羽绒被里的翅膀也轻搂着我

我要和自己能触及的事物厮守

不会再有风潜入

吹乱梦的呼吸

杂草

生活长满杂草

怎么拔都是徒劳

我累了

靠着影子

看野草茂盛的人间

时间如何把周围的人

一一拔除

归心似竹

击竹　空空

打叶　簌簌

千竿竹　是千行诗

一千零一行

属于下一个归人

颜色吹淡

风来的时候
才看到绿到极致的叶子
也有浅淡的背面
一棵树因此失去本来的颜色

黑夜中它又是什么样子
阳光已泛滥出闪烁的修辞
你不必知道一切
扇动叶子的风也会扇动你

你会被风吹到哪一面
你的颜色
是不是已经被吹淡

谁在等我

我走在路上
却质疑为什么要走在路上
我为什么不可以坐在路边
看那些人走过
我为什么要奔跑

我要去见谁
谁在等我

时间的门缝

风想带走你

雨要模糊你

时间仓促

临走，留一条门缝

让你看得见风景

却挤不进去

风吹过我们的时候

风在扩大我的边界
没有禁止，所以边疆辽阔

树梢上的鸟窝摇摇晃晃
我们有翅膀，所以不担心掉落

这片空中的领土还未发生战争
我们允许第三只蝴蝶出现

有人在低处争论
坚持邪恶的男子
以为自己坚持的是真理
风对于他没有意义

虚构的风也有立体的感受

我们听见风声

试图把世界刮成一个平面

风也许并不知道

一片叶子也可以重塑它的形状

卷二

如果今夜月色不美

遇你

麦子抽穗，野花匍匐
一截骨头突然温柔
像回眸撞上等候。行走四月
花径上遇雨或者遇你
都不得不半途折返

我是你蜕下的壳

天空是云朵蜕下的壳
我是你蜕下的壳

时间毫不费力
把你从身体里拔出

失去重量
一朵云持续漏雨

当我沿着光线
重新归整为一朵云
你终于成为我蜕下的壳

不再

临走拍拍裙子
一身褶痕应声落地
知道不再回来
关门的声音很轻
小径上的麻雀还是惊飞

悄悄离开的女子
心跳掉了一路
他循声跟去
又循迹归来
在空荡荡的房间
捡起皱巴巴的往事
一件一件熨帖平整
空气里还有盐的味道

下山

月色

山寺

石阶

她脱下高跟鞋

赤脚走在下山路上

一级台阶

就是一个小小的劫数

她浑然不知

顺从一条路

不断降低

奔赴了尘世

浪费

那首歌在唱我
冬天的阳光在替你爱我
所有的噪声都被剥离出去
一杯清水在身体晃荡
几条鱼的记忆就要溢出

城市的隔壁还是城市
少女走失在昨天的昨天
那桌子对面是谁呢

谁才配得上成都的好天气
谁又甘心抛开忙碌的意义
陪一个人，慢慢地
慢慢地浪费

如果今夜月色不美

在一万种声音中

寻找一根针

落下

回声是你

嘈杂与寂静

失去界限

但省略的语言并不会消失

沉默有比表达更强烈的欲望

不再互道晚安

如果今夜月色不美

我会抱紧自己

我也没有什么好说的

电影里，他们终究没有相爱
我也没有什么好说的
局外人没有爱情
也没有话语权

像一棵树放弃了开花
约等于放弃了结果
固执地守着树的本分徒长枝叶
有时候，面对春天
我连叶子也不想长了

我也没有什么好说的
美好是一个虚词

空洞得可以装下一切

我怕一说出来

美好就缩小了

缩小成落入俗套的潜台词

“春天有你，我才想发芽。”

来不及

静寂沿山路蜿蜒出无尽
为了拒绝幽深，她拧开远光灯
冲破夜的重围

山顶，是她的终点，也是人间的
不敢与影子对视的人，只好把目光抛得更远

远处，城市如沙盘，流光映照天空
消解着魔幻与现实的界线
此时，谁也无法阻止星星坠落成街灯
孤独无处藏身，会闪烁同一种光芒

晚风阵阵，扑灭忽然的悸动

微小的死亡，从一个人扩散到两个人
月光太软了，她喃喃自语——

对不起，来不及拥抱你
这世界灯火太满
而我，已近阑珊

我的

我的城市在下雨
城市不是我的
雨是

你的城市在下雨
城市　雨　都不是我的
你是

我们的城市在下雨
我们　城市　雨
都不是虚构的

但我再也分不清
什么是　我的

只有孤独是真的

一个人是我的远方
我一直想象着
孤独地走在路上
他在我看得见的地方
等我飞奔过去
但大多时候，远方
是一种幻觉，那个人也是
我写的诗也是

只有孤独是真的

秋思

思念再成熟一些，月亮就圆了
她咬了自己一口，确认青涩
一个女子，注定要被一个男子
打磨出精致的孤独，在虚空中高悬
缺了又圆，圆了又缺
像对抗，又像轮回
像一颗凹凸不平的石头
光照在哪里，哪里就皎洁
背光的地方，有隐藏的担忧
担心月亮熟透，会像秋天的果子
在空中挂不住了

断章

一个人是封面
另一个人就是封底
故事合在书中

从开始奔赴结局
从一个人奔赴另一个人
遗憾是你随手翻过的页码
不曾注意到命运的秩序

没有人愿意浪费时间
读懂一个人的全部
你偶尔的回顾
已把我读成了断章

风带走了我的意义

风来了，如你
风走了，如你
我在原地，却成为被剩下的
比一首诗中被删除的词语更多余

它们还能回到本来的意义
我已找不到我的原地

哦，风带走了
我的意义

我看见的不一定看见我

眼前这只

不会是曾经那只

遇见同一只蝴蝶的概率

小于重拾旧爱

要遇见多少花朵

它才能遇见我

遇见我以后

还有多少花朵等着它

又或者

在蝴蝶的世界

花朵的出场顺序里并没有我

我看见的

不一定看见我

月牙

感受到汗水滴落
清醒意识到
另一个人真实的存在
而他负责造梦
你负责掐醒自己

身上隐形的月牙
都是他遗落的月光

一个人与另一个人

一个人在行间距中
读懂另一个人的节制

一个人在原地徘徊
脚印踏在另一个人心上

一个人在不知所终的信封里
装满另一个人不知所云的诗句

一个人在背影里
邂逅另一个人的别离

风铃

白鹭抖落雪色的羽毛

轻巧的风落在了老梨树的风铃上

霜后的空气冰凉脆薄

一片一片碰撞，落在耳朵像雪粒

剔透的声音，就要叩开一扇窗

请原谅，我还是不敢唤你

人的语言总是接近谎言

风铃叮叮当当

敲碎冬日的桎梏

寄出了明信片上不署名的问候

给你

给你，这是大海
海阔天空给你
惊涛骇浪也给你

给你，这是玫瑰
爱情给你
刺和伤口也给你

给你，这是钥匙
屋子和家人给你
日子里琐碎的星光
星光里闪烁的秘密也给你

给你，这是最后的礼物

清明的雨水给你

青草和野花也给你

终于再没有什么可以给你

大地掏空自己

填满了你

过期

很多事物会突然从各种缝隙冒出来
它们曾经属于你，现在也属于你
只是大多过期。你拥有的
不过是已作废的遗憾

哦，我不特指事物
我是指——
你

想象

他的手揉碎了一个夜晚
补偿是一个梦，你在梦里修补裂痕

他要来，递来一支烟，点燃
他要走，随手弹落烟灰，熄灭

他猛烈又温柔，像路过的一阵风
风里有轻咬的齿痕

他是可以虚构的现实，毛呢外套的触感
在手指生根。胡须的刺痛，像刺青

他止于想象

在空中造一座花园，等待

越冬的飞鸟，想象一次投靠

卷三

等一个人经过

她是我的哲学

“什么东西不能停止？”
“时间，一定是时间！”
大人自以为掌握了所有真理
滥用肯定句捏造了一个权威的专家

“不对，是心脏。”
她蹦进电梯说出标准答案
我想反驳，封闭的空间找不到出口
狭小的铁盒子里有两颗心脏在跳动

虚无的时间在具体的心跳面前
没有可比性，她重新打磨了我给她的钥匙
解锁一个草长莺飞的季节

我们要按计划去麦田放风筝

多么不可思议，这一刻
她就是我的哲学
正从我的身体出走
像风筝一样飞起

春日茶叙

二十年后
我会不会突然对你说——
已经写下的这些文字毫无意义
想说的话一生都没有表达清楚
或者，在河边端着茶杯
自顾自说起死亡，好像马上就会发生
不等一杯茶凉

我是否也会和故去的自己斗争
为了活下去寻找妥协的方式
想方设法珍重肉体，试图与
因叛逆始终战栗的灵魂言和

这些与我曾写下的废话无异
我们真不该把春天浪费在思考
一只白鹭挣脱诗集
白色叹息划破空气闪逝于柳色

语言穷尽。我重叠在锦官城的花影
看雨云低垂如河水高悬
一切还可约束，雨季之前
我是此岸，我的影子是彼岸

生命暂时没有决堤的风险
我们焐热了那杯冷茶
在临别时轻轻放下

巡河记

一条野径，温柔地贴着河流的曲线
芳草太萋萋，每天去巡河的人
仿佛一直没回来

像一朵乌云掉在河中
用地上的水漂洗天上的黑
瓦解自我后，才发现谁也还不了谁清白
那件湿衣服依然披在身上，比孤独更孤独

为了放生湿漉漉的灵魂
一条野径向一条河取经
等投水的月亮打开西江河的缺口
巡河的人才带着蝴蝶归来

但河水不懂写诗的节制
干旱和洪水还是会发生
他要小心翼翼地把一条河倒灌笔中
把诗写进泥土，写进粮食
写进更改姓氏的村庄，以及
可能发生的爱情

小满

小满。天气阴，午后落雨
坐在雨滴中，再次审视身体所处的节气
一定不是小满了，或是立秋

也不紧要的，白发如霜降
也是不打紧的。他端着亲手描的瓷杯
摩挲笔画，重构自身的屋脊

还要把自己唤醒几次
才能重回那一个小满

那时候，他们像两粒麦子
刚刚灌浆，嫩绿、饱满

麦芒扎着蓝色的天空
微微的疼痛，微微的欢喜

那时候，一起在风里摇晃
也不必懂得低头

对人间的瘾

只剩一个酒碗
无数黄昏，被他一饮而尽
岁月最后的反噬
让麻痹的身体顺着酒气
消失于残阳
我嗅一嗅回忆
在一只酒碗里，嗅到
父亲对人间的瘾
喉头的辛辣倒逼眼眶
轻易醉倒了
家门外徘徊的陌生人

致少年

芦苇，白桦，湖水
山坡上一整片细小繁密的白色绒花
枯草中丛生的火棘
群山，群山中的弯道
——闪逝于夕色

“万物都值得赞美”

二十年光影交错在一瞬
那些不能命名的事物各有野性
但独立存在的我们并没有错过什么

草木山色还在四季之中

经年的风吹还是有忽然转身的拥抱

这一切让人心动

你看到阳光的金线小心翼翼

勾勒着少年的侧脸

风在说

“草甸上有一百种野花”
“只有一种蓝色，让人心颤”
“看到一座山、一棵树，也有流泪的冲动”
风附在耳畔说——
山神就在某处看着你

我看到一百种花的颜色
模糊成一种颜色
还没触碰到那一朵蓝，手指已经颤抖
可是，我发不出风的声音
只能对着那座山、那棵树流泪
一颗心匍匐在小蓝花上跳动

哦，山神就在那里

拧螺丝的人

1

拧螺丝的人

把自己拧入厂房一角

紧固相似的晨昏

动作单调、乏味

错了，也有纹路可退

2

机械的重复

让人回归生存法则

心在手上，接受命运的旋转

摩擦力让事物紧密相连

3

螺丝拧在纸上，字就站稳

螺丝拧在三餐，酸甜苦辣就位

闭眼，螺丝会为黑夜拧几点星光

4

日复一日

我像一道螺纹

盘旋而上

唯一不同的是

时间如水的质地

从不给我留一条退路

收土豆

小黑从大凉山回来读书
老师问假期过得怎么样
他低头，摊开手
掌上布满磨破的血泡
“我一个人收了我家地里的土豆。”
“你爸爸妈妈呢？”
“他们在天上看我收土豆。”

与何多苓同行

你并不认识他
画册的主人是熟悉的名词
此时遇见，在画里
试图破解线条、颜色，女人与花的秘密

空气翻动，一张薄薄的手写发票
从印刷体滑出，时间、金额、印章
经办人的潦草笔迹，时间过滤后的
淡蓝色温度，就要让那些画活过来

末的几页粘在一起，水痕干涸
定格当时打翻水杯的慌张
有些画在打不开的空间活着

我也在那里沉默着呼吸

只有一声问候可以打开我
美术馆的冷气在手臂上哈气
背后有人交谈——
那些和我们的生命没有关系
我们要还原到最初的样子
庄子和蝴蝶在第五个纬度交换灵魂
我们也要学会出窍

空空

身体突然被光影镂空
细小的孔洞
流过风

是你吗
越过时间、空间、人间
再次问我

删除

一具行走的硬盘
不断丢失血肉编织的数据
当日子摞成一沓白纸
想找画笔的人
找到了火柴

黑匣子

晚风吹熄眼神
漫过房间的黑，溺毙了
最后一线光亮

窒息感让一部分自己脱离身体
另一部分陷入车辙反复碾压

沉默是一小块夜色堵住了喉咙
疼痛到麻木的感觉也是一片漆黑
你栖身在这二十平方米的黑匣子
再次听到寂静从四壁涌出
在枕边呼啸

此时，你又将对谁请求

请他按亮一盏灯

你要枕着微光结束漂泊的梦

呓语

把十二个时辰

掰成二十四个

一半精致的消磨

一半消耗于劳作

两个平行世界

两个我　合在一起

也没有发现什么

也没有捕捉到什么

两种虚空消融

我在时间之中

在时间之外呢

我留下了什么
什么留下了我

我不能说出的词语
就是答案
像没有落下的雪
白了谁的头

阅读自己

对着镜子，看得入神
她是你，不是你，还是你

睁眼望着天花板
我是谁，谁是我，混沌不清

偶尔，灵魂与身体保持距离
第三者降临，略带悲悯的，阅读自己

交出自己

命，是绳子在手脚打结

如果有人递来剪刀

铰断一个结，命会再生一结

你自知在劫难逃

任由绳子缠绕成茧

把自己绑好，交了出去

从外部抽丝

由内部剥茧

期待重生的人必须逃离前世

新生的翅膀又将交到哪双手中

答案是，另一根绳子上

相似的结

当我成为屋子的一部分

当我成为屋子的一部分
像摆设，脱离实际意义
禁锢并非我愿望
反锁自己，是唯一的正确

外界过于安静就是危险
空气里蛰伏着什么，谁也说不清楚
呼吸一次，紧张一次
风对病毒一无所知

我不再追问
安于一隅，故作镇定
小心提防身体异常

此时，发热和咳嗽都有罪

我只能退到一屋子静物中

保持恒温

窒息

把静默审出回声

把数据默成祭文

窒息的感觉，像条打结的线

穿不过透光的针眼

悲伤过度，春天就会失语

作为幸存者，我的口罩

捂住了哽咽，捂不住眼泪

三十岁以后

开始和年长的人喝茶
自身发酵程度越来越高
日子越淡

还是不会抽烟，但喜欢与有趣的人对酌
三杯两盏淡酒，喝得月亮微醺
与晚风同归的影子却清醒不醉

偶尔关在房间，听民谣，也听交响
听心经时，会想起拉萨八角街咖啡馆里
那个教我念绿度母心咒的诗人
他可能已经杀死了抑郁
回到北京，爱上了另一个女人

开始买花，给自己，也给广场上
那个教太极拳的老太太

喜欢棉麻质地的衣裳
把身体藏于单调的色彩，连着人生的样式
也趋于宽松的剪裁

身上还是没有一件像样的首饰
心却像珠蚌，分泌汁液
把一粒沙子藏成了宝贝

还是会遗忘重要的事，找不到钥匙
错过该下车的站台，忘记邀约或会议
也遗失重要的人，再也找不回来

开始清理灰尘，拭去眼前的雾气
任时间的指针挑出心脏的暗刺
放弃以痛止痛
给自己投放小剂量的毒药
药效约等于一晌贪欢

这荒唐的，短暂的麻醉有利于缝合
也暗自庆幸，我的七情六欲
还没有从伤口溃散殆尽

说再见的时候已经多于说你好
那扇半开的窗户，在风中摇摇晃晃
吱吱呀呀的声音是这个年龄段特有的伴奏
含含糊糊的答案在风声呜咽
我已懒于起身，开窗或关窗
都不再有意义

真相

1

活着的时候
试图把生命剪裁得合体
装饰物好比修辞

真相呼之欲出
但无人疾呼

2

一只鸟掠过
世界被翅膀带走一部分
落地的影子是另一部分

抬头或低头

都会错过一部分

3

谁能指正方向

司南的针、司北的星

或者未知的站台

谁愿站成路牌

等一个人经过

辨认去向

4

列车呼啸而过

座位上，每个人各就各位

我在月台

看铁轨，送走

许多我

5

归来。土地与我

没有呼应

有些人，离开的时候

就被遗弃

开不出花的故人

只好落叶

6

关门的瞬间

没想过开窗

独处时洞悉的秘密

归于沉默。试图表达

词语结冰，刺向自身

7

不敢说看透
就像我觉察到在死去
其实还活着
下一次，还可以再死

8

月光的盐分太重
仰望的人总渴望
等到一个合适的肩膀

9

体内飘雪，一个人
可以皎洁得茫茫
窥探的眼睛，被雪刺伤
真心再真，也在盲区

10

时间轴上，横看竖看

都是一串，阴差阳错

11

脚印无法一一收回

就不允许盖棺定论

12

不合时宜的真相

在哪一行隐喻中

从不寻找的人

总是更耐心地活着

卷四

风掂量过蝴蝶的重量

枯荷

一潭死水在淤泥上铺开薄纸
霜风簌簌，扫出满纸枯笔
枯了才好。低头顾影
看不见纳喀索斯的脸庞
美的死亡，死亡的美
纵横，交错，沉寂于水影
折断的头颅拒绝认识自己——
这破败的，晚秋的写意
这萧瑟处，集体的默哀

我们的池塘太小
装不下赴死的美

风掂量过蝴蝶的重量

一只蝴蝶的吻
会有多少次停顿
翅膀要如何打开
又如何收起
要如何小心翼翼
才能避开暴风雨

会不会有一道闪电
恰好击中一只蝴蝶玲珑的心脏

会不会因此死去
会不会因此复活

这轻飘飘的生死
还是经过了风的掂量

野花

暮色里独立
看一朵野花
如何摇落一个黄昏

晚风的惆怅里
一颗心缓缓跳动
唯恐往事里赶路的人
惊落眼前这一朵

身旁，许多人路过我
他们披着单薄的月色
低头，沉默，匆匆
和曾经路过我的人一样

来自同一个地方，又要去同一个方向

总是与我无关的。只那一朵野花
与我有关。她守在路边，微微昂首
再次撑起了一个夜晚

抵抗孤独

雨夜，烛火引来一粒小飞蛾
眼见它旋转、飞舞，发出“嗤”的一声
生命坠入灰烬，华丽启航，孤单收场

不会有一滴雨穿墙而过
拯救如此渺小的牺牲
替我自焚的虫子，轻巧的
完成了向欲望献身的壮举

整夜，我都坐在雨滴中
除了等待下一粒灰烬落定
别无抵抗孤独的办法

瓷器

不同质地、款式、花纹
不同产地、用处、来历
在画布上永恒的静物
在我的手上有了毁灭的可能

我的爱存在无数意外
掌心留不住的岂止流沙
滑落是拥有的最后期限

还是会忍不住买新的咖啡杯
那是新的，完整的空间
不像我的回忆，总是盛满碎片
一不小心，就割破了时间

蒲公英

回望一天
时间的分分秒秒
散如风中的蒲公英

回望一生
也曾在风中撑开几把伞
运送几粒梦的种子

只是，生命过于轻巧
侥幸生根，能握住的
也就那么一点点
湿润的泥土

立冬

从丰腴走向瘦削
树影越渐单薄
日子也是，越来越薄
只剩一个完整的冬天

颜色也留不住了
层层剥落，天地阒寂
入定的事物越来越多

等最后一只蝴蝶收拢翅膀
我们也要清点一年的收成
清点出冬天的粮食和来年的种子

分类贮藏，像外婆当年一样

藏好会发芽的心事，才走出家门

在月光里洗手，在星星上沉睡

珍珠耳环

两颗珍珠轻轻咬住了耳朵
淡水凝结的心事找到了新贝壳
它们保持圆润，也保持沉默
不像我，脱口而出的词语都带着棱角

我接受身边人以爱打磨我的珠光
过程难免坎坷，珍珠常常遗失
但它们从不同时离开耳朵
我总能握着其中一颗
为另一个耳洞，填充
旧爱的遗憾与新生的孤独

反骨

疼痛在身体敲钟
涟漪散尽睡意
黑夜呈漩涡状
卷走白日热爱的一切

33 岁遭遇颈椎反弓，才发现
每一节骨头都有反对我独裁的可能
颈椎的几节反骨正在发动身体的革命

毫无办法啊，这躯壳脆弱得不值得歌颂
它记住了我对它做过的恶，如今
以自残的方式反过来折磨我

不得不低头，你不必向生活妥协
却必须向身体认错

对美负责

一把鲜花早被截枝
瓶口收束最后的倔强

一只蝴蝶突然闯入
从玻璃窗跌落

屋子里各种事物因此尖叫——
别再关心外界
只对美负责

她还是撞向了墙壁、桌椅
直到力竭

蝶与花的最后一次对视
传递了相同的惊恐

预言

惊蛰已过
还没有一道闪电击中我
雷声闷在睡梦中
喊不出想说的话

春天的花朵有点嘈杂
我在花开的秩序里创造废墟
身后有虚拟的田园生活
每天都有狗吠紧逼

慌不择路，会从一个梦跳进另一个梦
镜子还没有碎，碎的是我
波及我的影子

影子们都有点颓丧
围攻我后散开

我还来不及爱上春天
春天就离开了我

鱼冢

在眼睛里养一尾鱼
游弋于身体的暗海
吐悲伤的泡泡

我的盐分太重
它的美丽太轻
一个眼神就可以钓走

再养一尾鱼
也不过 7 秒的轮回

不会再有更好的结局
终其一生，我的海
不过是几尾鱼的空冢

鲜切花

美是死亡的过程
一把鲜切花
根留在泥土，花开在瓶中

对美凝视，我足够冷静
如对镜看自己
被折断
保持伤口
不再为果实绽放

酥油花

痛苦换取花朵
信仰催开花朵
古象雄时代的花
至今未曾凋谢
花开多一日
杀戮少一时
人间酥油香透
悲悯是最有情味的供奉

复活

冰在冻结冰

火在焚毁火

影子在转换阳光

梦在清晨谋杀了自己

而你，在复活哪一朵玫瑰

火焰

我们被火焰包围
活着的时候
有的是柴，有的是铁
在同一个炉子里煎熬
有的成灰，有的成钢
只有死去的时候
才不计前嫌
统称为——
人

裂痕

那个碗有一条裂痕
从边沿到边沿
切割了一个圆满的空间

不完美却不影响使用
与身边的大多数事物无异

完全断裂会在哪一天
那条裂缝延伸到我身上会是哪一天
流水不顾疑问，反复冲洗我们的油腻

太期待光洁如新了
过于用力的擦拭，让看似的完整

露出残缺的真容，这破碎
猝不及防又理所应当

彻底崩坏吧！取出虎口上的碎瓷
拧开水龙头，一小股鲜血顺水流走
像一桩心事终于了却

折痕

在图书馆，许多书合着翅膀

像蝴蝶，停驻在沉默上

它们随时都有打开的可能

并重新拥有话语权

取出上次借阅的那本

逐字逐行，区别此时与彼时

我不需要答案，需要重温旧梦的平静

书中一页，折痕深嵌

像一道贮存时间的皱纹

还有人私藏着相同的欢喜吗

还是此时的我，恰逢了彼时的我

这阅读中的小小停顿

悄悄给安静的空间

留下一道浅浅的折痕

我也被轻轻地折了一角

井

1

在身体中掘井

安放日复一日

省略的话语

井深一寸

沉默深一寸

2

雨落下来

像你，不偏不倚

撞进来

涟漪散开了我
层层叠叠的晕眩

3

云朵是一艘行驶的沉船
月亮在水面燃起孤独的火焰
飞鸟不断突破圆形天空的界限

一口井，就是一面小小的镜子
虚构经过天空的事物
就是虚构一个丰满的自己

4

相比一只桶的汲取
井，更害怕乌鸦口渴
它们每投下一颗石子
就投下了一粒
即将溺毙的鸟鸣

5

其实，没有什么可以填满我

除非你落在井底

我封了井口

每个人都怀揣一场大雪

1

雪落不下来

云压住一座城市

寒号鸟噤声

2

人世尚有低低的喘息

寄居大地的每个人

都有雪花的形状

3

“不会有两片相同的雪花”

我和你，我和你们

是不一样的

4

温度持续下降

有人在寒风中逆行

是为了遇见一个温暖的人

5

期待一朵雪花

和期待一簇火苗

没有什么不同

美是冰凉，也是温暖

6

我的田野

进入了冬眠期

花朵和果实，春天和你

是一个长长的梦

7

梦里梦外

每个人都怀揣一场大雪

在渐冻的人间，孤独地练习着

如何拒绝僵硬

8

看起来并没有不同

从纷飞到落定

只是时间问题

9

一场虚构的雪

经不起推敲

但我还是会

在冬天

藏好一个眼神

等春天再融化

○○○卷五

游走城市

壹丁咖啡

在宽巷子遇见壹丁
一粒云南，搁在桌上
等一双手捧起，放下
像爱，不远万里
只为一次，唇齿的触碰

对面的椅子空无一人
午后的阳光，把孤独
烘焙出浓香
窗外，层层叠叠的旧瓦
是另一种
可以品味的往事

高原的夜

高原趁夜色潜入身体
睡眠被挤出梦的房间
喉咙干燥，喊不出疼
一座异乡被我憋在体内呻吟

想起，衣兜里，白天拾到的小石子
一定也硌得那身皮囊生疼
它的故乡是一条河，我的手心
却没有流水的温柔

想起，小时候某些夜晚
外婆躺在我身边，一声
又一声地呻吟

我总是不知道，该继续装睡
还是摸摸她的手或背

最后，我什么也没做
像一颗沉默的石头
等到了天亮，等不到一条河
温柔的抚触

梨花沟

雪落在村庄的名字上

念起时，月色就落在了心上

一想到院子外

青山还在等一树梨的白

就明白呼吸在等一缕风的香

至于你来不来

已是远在云端的事

眼下，我只关心花

开，还是不开

小院村居

把纸上的诗
一行一行移栽到院子
春天种下蔷薇、芭蕉
闲时偷听桃花的心事
夏天安置好一缸荷
从山中移来槐树
从江边背回顽石
秋天，衫袖满盈稻香
冬天，眉眼飘落几朵雪花
清晨，院门吱呀一声回应鸟鸣
夜晚，也是吱呀一声
就锁了满院的月光
堆砌一个旧影子

龙居寺

跨进门槛才放低身段
弯腰　屈膝　跪拜
合十的手　空空
但仪式感正在减轻内部损伤

“你想求什么？”
无所求
请借我一隅宁静

菩萨慈悲　不过是
人间事不值得提起
没有一尊神明
会为我挪动位置

我也不是信徒
心在跳动便无止水

跨出门槛会再次抬高自己
另一座精舍在红墙之外
未曾抛进许愿池的硬币
继续流转在形形色色之中

塔尔寺

莲花山坳
一座寺院，衔接
人与佛的分水岭
信仰诞生，脐血
供养白旃檀树十万佛身

莲聚塔下菩提深种
酥油灯前尘世难烬

挤破人墙，多数人看到金银闪光
宝珠从塔身掉落，嵌入凡人眼眶也会浑浊无光

少数人低头，跨过佛门
每一根毛孔，都在匍匐
聆听十万狮子吼的清啸

这里，高处是神，低处是人
俯仰之间，众生万象
而万象，才是众生

草堂幽径

他在唐诗中独辟幽径
丈量失意与诗意之间的距离
你在走向草堂的路上
捡回秋风吹散的诗句

黄鹂、白鹭从故纸堆跃出
惊飞神色中的匆忙
词语纷飞，落成千秋雪
在路人的衣襟，簪一朵皎洁

历史从不轻易开口问候路人
只有撑出红墙的翠竹，摇曳着手掌
对到来的一切，说
你好。对离去的一切，说再见

桨声灯影

1

在江南摇橹
退到唐时的清风明月
在江南漫步
踏入宋时的清明上河

2

子夜。歌被燕子衔回
诗在柳枝里抽芽
一个女子婀娜开花
结出青青莲子。在江南
流水是一封家书
每道水痕都是读信人

凭栏的心事

3

我的心事是，与你的距离
总是隔着一条雨巷
油纸伞撑着一个春宵
与一卷烟雨的江南擦肩

4

一条河刚刚分出彼此
就被一座桥重新连接
桥上，我们再也分不出
彼此的流向

5

你说今夜
桨声归你，灯影归我
我说今夜
月色归你，静寂归我

城厢

青石板上积雨的凹坑如何而来
方言里未曾提及，抬头
每一滴雨，都是故乡的云

木凳的纹理何时旧得好看了
独居老人未曾留意
任由命理与之，严丝合缝

无墙的城池，再也无法抵御月光的奔袭
每一片屋瓦，都被擦出思念的伤痕

失语的书院，再也等不到敲门的蝴蝶
门前路人，轻易揣走了
一把脆生生的书声

说走就走

说走就走

不担心行李箱的遗漏之物

随身的诗集就是最完美的计划

字里行间皆是与万物相逢的暗语

我迷恋这样的临时决定

迷恋未知的部分似有神引

就像昨天的我并不知道

万籁俱寂时，我会在雅砻江畔的烟袋镇客栈

把故人从心上誊写在纸上

一笔如河流蜿蜒，一笔似山路崎岖

一笔比雪山陡峭，一笔悬空，划破夜色

雪花和星子纷纷落下

九龙河

高原腹地的城市，大都抱着一条河
河的两岸排着密密麻麻的生活

七月的夜晚，我从众多生活中提走一盏灯
忘记带伞，走进细雨，打乱一首诗的秩序
突兀分行。这内在叛乱的时刻，我们不需要被
　读懂

薄衬衫湿透，寂寞的曲线有流水的温柔
行人把秘密都藏得很好
卓玛经过我时也弯着腰身
真好。在雨夜，他们关注自身
不再关注陌生事物

这里没有人认识我

站在桥上，像一支细弱的船桨

靠着一条固定的船

危险并不会发生。但我

要在河流之上，获得一个意义

或者扔掉一个

伍须海

不止一次，听从高原的呼唤
翻山越岭去看秘境深处的海子
那眸子里一汪蓝色的等待
值得她抛下低海拔的人间

庆幸心事还没有高过云朵
十二姊妹峰下，有野花匍匐着朝拜
她把身子放得比花朵更低，坐在湖边的枯树上
像一簇新芽，怀揣整座原始森林的迷梦

这些年，她与不同的人，在不同的时间到来
坐在同一棵枯树上眺望、做梦

柔软的心上早已挂满了松萝

像思念升起的经幡

在风中，轻轻地诵念

华丘的云

铃铛声，隐约的，低低的，唤我
山那边，牛群正往水草丰茂的牧场行进
山这边，我习惯性打开木门，倚着栏杆，看山

其实是看云。看云雾从山涧里缓缓生长
薄薄的白轻笼着深深的翠色
似夜晚临走时的叹息
也似黎明赶来献给山神的哈达

眼神也跟着云走了
走过睡眼惺忪的村庄
走过经声荡漾的华丘寺

走过沾染露水的杜鹃花
走得久了，误以为此生轻盈
就要随风散去

“快来，陪阿爸喝一碗酥油茶。”
檐下传来的喊声把我重新聚拢
屋顶升起的炊烟，拴住了一个过客
甘心停下来的人，都归整成了
华丘的云

归途

昏灯的车厢里
时间与一位诗人的醉意
同时慢下来

慢慢临近睡意
却再不能踏入梦境

企图蜕下疲惫的壳
又紧拽一丝身在旅途的警惕

有时候，我们宁可错过梦中人
也不愿错过该下车的站台

那一站，是被世人指认的归途
你混迹其中，总以为自己
略有不同

旅途

不擅长离别
所以先于你转身
让火车带走我
用一声鸣笛告别

疾驰拉开的距离
回忆紧跟着填补
一想到遥远的你
已是路过的上一站
我就此错过了目的地

这旅途漫长，已无风景
车窗外，一朵孤单的云
下着两个人的雨

在人间

日出和日落有大致相同的色调
晨钟和暮鼓却能激起不同的回响

柔软的婴儿在哭泣中求索
孩童的笑声跳跃银铃的频率

少年的花蕾总是突然绽放
心脏跳动时，总有羞涩的回音

二十啷当的年华，是一只鸟掠过头顶
抬头看到翅膀的一瞬，自由已飞走

盛年驮在马背上，拖着缰绳奔跑

同时抵抗妥协和坚持两种不同的风向

等岁月炼化了慈悲，他们容易
为一片叶子的掉落叹息，却从未想过
“此生，活不过一棵树”

夕阳之后夜色深邃，只有晚风
一次次摆渡着人间的落叶
而后到来的黎明并没有异于往常

凌晨三点

凌晨三点
时间在空间里回荡
失去睡眠的人
在字里行间流浪

书翻一页
空气跟着翻一页
回忆紧跟着翻一页
翻不过去的地方
走失的背影堆积如山

当文字竭力逃脱本来的意义
当角色逐一从群像中抽离

当杂乱的片段尝试把旧事重提

你索性睁大了眼睛

置身事外，静观又一场

黑夜与月光的博弈

山行

山路沿着河水蜿蜒
河水沿着峡谷流淌
我们沿着山路行驶
沿着人间的边缘流浪
谁也说不出这条路、那条河的名字
谁也说不出这座山、那树花的名字

自然本身有不具名的属性

在路上疾驰的我们
如何才能抛开姓氏和名字
还肉身以轻盈

如何才能如云来，如云去

一边走，一边抹除

来过的痕迹

游走城市

1

如行云落入流水
步子漂浮于街道
像游走的根
在寻找流失的水土

2

把斑马线穿在身上
囚禁自己在安全区
被红灯喊停的人
开始倒计时

3

如果被扔进人潮

随波逐流是最好的方向

闭着眼睛走路的人

只能相信盲道

4

人行道上

清洁工扫走最后一片落叶

流浪的步子也一并清扫

这城市竟整洁到没了七情六欲

5

耳旁，相机的咔嚓声让人想到

又有什么被折断

事物容易被一分为二

一部分静立原地

一部分不知去向

6

橱窗透不过清风

高楼触不到星光

被渴望打翻的色彩

从街头淌到巷尾

目光是祸首

也是抹布

7

不会在拐角处遇见谁了

那只猫，还守在墙角

看你经过，眼神毫不在意

别无选择

1

你驶过我的时候

沦陷正在发生

挤到路边的花草有茂盛的想法

只有底层的灵魂因碾轧结实

2

别无选择就别选择

路的方向无非两头

黎明和傍晚背道而驰

少女在途中老去

3

车辙是路的记忆

晴天渐趋平坦

雨季泥泞

如果这就是路的心情

你会不会找到共鸣

4

来处即大地

尘土不可避免

你我皆是其中一粒

身不由己，随风扬起

5

有脚就有路是伪命题

有人站在凳子上

深怀无处下脚的悲怆

6

更多人踩着别人的脚印

走在同一条路

相似的风景麻木了一些人

靠惯性滑向人世

省去了许多力气

7

一条路就是一条时间轴

我们尽力延展，最终消失在

一小截线段的两头

只言片语

1

童年是电视机上的雪花

是长大后再也接收不到的旧信号

2

天真无邪的婴孩

才会给满世界留下齿痕

懂事以后，所有的齿痕

都是蝴蝶的深吻

3

太想写点什么

像沙漠渴望写下雨点

一场雨却写在了伞上

一个人从地铁的甬道上升到地面

忘记带伞，匆匆走进雨中

4

走了很多路

却像是替他人修行

5

你还是会反复质问自己：

“我竟然要忍受自己一辈子”

“我竟然只有一辈子”

6

风很大

一想到你

我也被刮走了

7

高跟鞋钉破单薄月色

嵌我入夜的胸膛

8

一根细小的鞭子抽走了睡眠

夜晚随之破了一道口子

你是突然涌来的海水

9

梦里咳嗽

怕惊醒别人的梦

醒来咳嗽

才知道我只是

惊醒了自己

10

我不知道身体的哪一部分

会先睡去

趁我清醒，说

晚安

后记

是一个靠文字为生的人，但你手中的这一本，没有想过谋生。

是一个靠小我撑着文字的人，世界观仅一粒沙，或者一朵花。

一直问自己，诗歌的意义是什么。是在词语中寻找自己的基因序列，还是在诗歌中探索与万物的联系，抑或是以诗的形式存在于生活。

一直矛盾着，无论是写作还是生活。尽管早就知道，问题和答案并存。

寻找意义的过程，是写出，又反复修改、删减，离自己越来越远，还是越来越近？

2020 年，想出这集子，一个人到甘孜州九龙县华丘住了半月，只为整理诗稿。

每天早起，看云雾飘过村子，等阳光落满院子。

视主人为亲人，一起喝酥油茶，笑谈赏心乐事；一起去亲戚家做客，吃刚从炭火里掏出来的土豆；一起爬山、采野菌，坐在草地听风读云；在房间改稿，也会被拉到楼下，一起喝酒、唱歌、跳舞。

有时半夜醒来，倚着栏杆，看满天星斗，热泪盈眶……

那段日子，我不写诗，也是在诗中的。

不再寻找诗歌的意义，因为已明白，对我而言，诗歌是一种生活方式。过自己喜欢的生活，是一个人来到这世界，写下的最好诗句。

“不要成为自己曾经反对的那个人。”我记住了这句话。

好的诗歌和好的感情一样，有缓慢生长的过程。骤然得到的东西，反而让人没有安全感。一首好诗的降临，不是得到了神谕，就是经过了时间的反复推敲。

在整理诗集的过程中，发现改诗的乐趣——等待经验发酵，进行有效提纯，完成自我陶醉，若再上一个境界，或可陶醉他人。我虽不急于成熟，仍会期望自己的笔力跟得上感觉，能用准确的语言或形式，把身心觉知的诗意准确表达。

两三年的故事、情绪，一行一行，都在这里了。

《一千零一行》作为书名，有未完待续，另起一行，重新开始的期望。“一千零一行/属于下一个归人”，希望手握这本书的人，皆非过客，而是归人。

第一本书出版的时候，就是遗憾开始的时候。

如果时间留不住我的文字，它们至少抱紧了我的此生。

卓　兮

2021 年 6 月 17 日